ANNUAIRE TÉLÉTRAVAIL
TRAVAILLE À DISTANCE
POUR LES ÉCRIVAINS
INDÉPENDANTS

41 SITES INTERNET INDISPENSABLES ET FIABLES

Tous droit réserver

ISBN : 978-2-37795-029-4

ALI DIAK

ISSACAR ÉDITION

LICENCE

MENTION LÉGALE

Le but de cet ouvrage est de fournir des informations et désigner des sites Web permettant de résoudre des tâches de travaux à distance. Au cours du processus d'écriture, des mesures ont été prises pour rendre l'information significative et à jour. Il est possible que des sites internet soient indisponibles. L'auteur n'a aucune responsabilité sur l'utilisation du contenu de cet ouvrage. Il se décharge de toute mauvaises compréhensions et déviation qui sera provoquer par de la lecture de ce contenu.

Pour obtenir des informations sur votre domaine d'expertise, consultez un expert de votre région.

DÉDICACE

Je dédicace cet annuaire aux écrivains.

Votre imagination, sensibilité littéraire, l'amour des mots.

Votre manie de la grammaire, de l'orthographe

et votre travail persévérant est une réelle appréciation.

Cet annuaire vous sera bénéfique dans l'accroissement

de votre société indépendante.

CONTACT

Email : issacar.edition@gmail.com

Site Internet : http://issacaredition.com/

PRÉFACE

Le télétravail est depuis longtemps le moyen préféré de gagner sa vie à domicile. Idéal pour ceux qui aiment fixer leurs propres heures et demeurer leur propre patron. Pour les parents de jeunes enfants. Pour tous ceux qui pensent que la navette représente une perte de temps, et ceux qui préfèrent éviter la politique de bureau en travaillant à domicile.

Le travail à domicile ou dans un environnement éloigné du siège de l'entreprise est devenu plus qu'une mode. Dans l'économie mondiale d'aujourd'hui, c'est presque devenu une nécessité.

Mais l'inconvénient est que beaucoup de gens ne savent pas comment trouver des prestations de télétravail. Grâce à ce livre, vous comprendrez rapidement ce qu'est le télétravail, ses avantages et inconvénients, son environnement, quelques suggestions, etc. Ce livre est pour tout écrivain indépendant qui souhaite résoudre des tâches de travail à distance.

SOMMAIRE

I. DÉFINITION DE TRAVAILLE À DISTANCE

Le télétravail est une excellente occasion de travailler à domicile. Il permet de passer du temps de qualité au travail tout en donnant la possibilité à soi-même et à la maison. Il assure un travail sans stress qui nous permet d'être plus productifs.

II. QUELS SONT LES AVANTAGES ET LES INCONVÉNIENTS DU TRAVAIL À DISTANCE ?

Les avantages essentiels et inconvénients du télétravail.

Les avantages :

- Augmente la santé.

- Augmente le bonheur.

- Un mode de vie plus positif.

- Force physique accrue.

- Un esprit plus efficace.

- Une alimentation plus efficace.

- Une efficacité accrue.

- Un gain de temps.

- Bien-être accru.

- Disponibilité pour des efforts personnels.

- Suppression du transport.

- Enthousiasme accru.

- Plus d'influence sur le monde professionnel.

- Concentration sur les tâches à accomplir.

- Plus de temps pour dormir.

- Plus d'argent.

- Horaires de travail variables.

- Pas de vêtements pour le lieu de travail.

- Vous pouvez vivre n'importe où.

- Vous travaillez n'importe où.

- Autonomie totale.

- Réduction du trafic.

- Liberté personnelle.

- Liberté totale de choisir.

- Salaire fixe et identique.

- Totalement indépendant.

- Financièrement autonome.

- Vous déterminez avec qui vous souhaitez vous associer.

- Vous déterminez où concentrer vos efforts.

- Vous déterminez comment atteindre vos objectifs.

- Vous disposerez d'une totale autonomie.

- Plus de temps en famille.

- Vous n'aurez pas à déménager.

- Réduction des coûts de transport.

- Gain de plus d'argent.

- Réalisez vos souhaits.

- Voyage autour de la planète.

- Environnement plus agréable.

- Suppression des distractions.

- Prendre des pauses plus longues.

- Soulagement du stress.

- Se concentrer sur la tâche à accomplir.

Les inconvénients :

- Contrôle du stress plus difficile.

- Probabilité accrue de solitude.

- Manque de discipline personnelle.

- Difficulté à se gérer.

- Isolement social.

- La difficulté de faire la différence entre vie professionnelle

  et vie personnelle.

- Il est possible que les employés soient enclins à travailler

  en dehors des heures habituelles de bureau.

- La destruction de la culture d'entreprise.

- Des difficultés à travailler avec les autres.

- La perte de communication avec les collègues.

- La sécurité des données du domicile.

- Adversité dans le travail en équipe.

- Difficulté à communiquer efficacement avec les autres.

- Problèmes techniques.

- Énormes responsabilités.

- Vous devez accepter toutes les dépenses.

- Utilisation intensive de l'ordinateur.

- Débordement de charge de travail.

- Le potentiel pour vous de mal répartir votre temps.

- Présence moins évidente.

- Moins de réunions physiques directes.

- Conversations moins fréquentes.

III. QUEL EST L'ENVIRONNEMENT POUR TRAVAILLER À DISTANCE

- Avoir un espace ou une pièce sur lequel il est agréable de se concentrer.

- Disposez d'un espace spécifique dédié à votre travail.

- Si vous souhaitez vous déplacer fréquemment d'un endroit à l'autre, disposez d'un sac pour stocker vos objets.

- Les ordinateurs, téléphones et autres équipements associés à l'informatique devront être connectés à un parasurtenseur.

- Posséder du matériel et des logiciels efficaces.

- Disposer d'un logiciel antivirus efficace, récent et régulièrement mis à jour.

- Installez un pare-feu pour protéger les informations informatiques critiques.

- Mettez en place une armoire et un bureau scellés.

- Posez une bougie parfumée, votre photo

  cela vous servira de puissant facteur de motivation.

- Ayez suffisamment d'éclairage dans votre bureau pour

  rester sous tension toute la journée.

- Achetez de belles fournitures et meubles de bureau pour

  faire de votre bureau un endroit que vous appréciez.

- Ajoutez de belles fleurs et imprégnez vos murs d'art.

- Ayez un disque dur dédié à la sauvegarde de tous vos fichiers

  importants, chaque fois qu'un événement se produit.

- Assurez-vous d'avoir une chaise et un bureau qui soutiennent

  confortablement votre colonne vertébrale et votre cou.

- Vos pieds doivent être posés sur le sol ou avoir

  un repose-pied.

- Assurez-vous que votre espace de travail est suffisamment

  ventilé.

- Portez sur votre bureau les éléments décoratifs que vous aimez.

- Assurez-vous de disposer d'une connexion Internet rapide et fiable qui vous permet de passer des appels vidéo.

- Sélectionnez une grande surface pour faciliter le rangement de votre équipement.

- Créez un système de classement des documents importants.

- Votre bureau doit être positionné à la hauteur appropriée afin de travailler facilement.

- Votre colonne vertébrale doit être correctement soutenue par un dossier.

- Entretenez votre ordinateur et vos logiciels, car cela sera d'une grande importance pour vous.

- Préservez vos ressources et vos outils pour le travail.

- Les matériaux et équipements doivent être stockés dans une zone sèche à l'abri des dommages et des abus.

- L'équipement doit être éteint lorsqu'il n'est pas utilisé.

- Ayez la température et l'éclairage appropriés.

- Vous devez disposer suffisamment de lumière pour lire.

- Scellez, la porte du bureau afin de profiter d'une vraie solitude.

- Mettre un éclairage artificiel pour assurer un éclairage
  suffisant.

- Assurez-vous que votre bureau pour le travail
  est suffisamment ventilé et éclairé.

- Choisissez un emplacement avec fenêtre afin de profiter de la
  lumière naturelle.

- Personnalisez votre bureau pour créer un espace
  qui vous inspire.

IV. QUELQUES CONSEILS POUR TRAVAILLER À DISTANCE

CONSEIL SUR L'ORGANISATION

- Organisez votre bureau pour faciliter la productivité.

- Si vous êtes parent ou avez des animaux, trouvez

  un espace à la maison où vous-même pourrez consacrer

  au métier sans être interrompu.

- Sélectionnez une zone isolée qui sera ininterrompue.

- Si vos enfants sont inscrits à l'école, profitez du moment

  calme pour étudier.

- Si vos enfants sont plus jeunes, travaillez pendant

  qu'ils se reposent.

- Créez un horaire formel lorsque vous vous rendez

  aux activités.

- Séparez votre horaire de travail de votre temps personnel.

- Assurez-vous de consacrer des heures spécifiques à votre exercice, comme si vous étiez réellement dans l'entreprise.

- Prévenez vos proches que vous êtes occupées.

- Créez un horaire qui vous convient.

- Faites attention aux heures de travail.

- Utilisez le courrier électronique de manière productive.

- Réservez-vous un coin pour des conversations virtuelles avec une webcam.

- Créez une liste d'activités qui ont été accomplies en fin de la journée.

- Préparez les emplois du lendemain la veille afin d'être prêt à commencer la première tâche le matin.

- Fixez-vous des buts à accomplir.

- Commencez et terminez à la même heure chaque jour.

- Passez en revue votre liste, déterminez ce que vous ferez.

- Créez un calendrier et suivez-le.

- Planifiez votre journée comme s'il s'agissait d'un jour

  de travail typique.

CONSEILS SUR LE BIEN-ÊTRE

- Travaillez dans des espaces partagés.

- Passez régulièrement du temps avec des amis.

- Promenez-vous dans votre résidence tout en discutant au téléphone.

- Déplacez-vous vers un nouvel endroit pour le déjeuner pendant 30 minutes.

- Achetez un casque les mains libres.

- Promenez-vous à l'extérieur de la maison avant de commencer une autre tâche.

- Prenez des pauses quotidiennes qui permettent d'éviter la fatigue et les distractions.

- Mettre une nouvelle décoration sur votre bureau afin d'être plus productif.

- Communiquez avec d'autres personnes qui peuvent également habiter dans la résidence.

- Préparez votre nourriture à la veille du jour de travail.

- Mettre l'alarme pour vous lever et vous étirer chaque heure.

- Rendre difficile l'accès aux réseaux sociaux.

- Éteignez la sonnerie de votre téléphone personnel.

- Quand il fait beau, participez à des conférences

  au téléphone en vous promenant.

- Écoutez de la musique adaptée au travail.

- Ayez d'élégants habits.

- Préparez ou déplacez-vous pour chercher du café.

- Levez-vous par moment de votre bureau et bougez

  quelques minutes.

CONSEIL PRÉVENTIF

- Assurez-vous de disposer d'une connexion Wi-Fi

  mobile adéquate en cas de problème.

- Ayez deux ordinateurs à votre portée, un pour votre travail

  à domicile et un à usage privé.

- Utilisez un téléphone spécial afin de gérer vos

  activités quotidiennes.

- Procurez-vous du matériel ou des instruments

  spécifiques avant de commencer le télétravail.

CONSEIL ÉCONOMIQUE

- Éteignez vos ordinateurs lorsqu'ils sont inutilisés.

- Utilisez des lampadaires qui consomment moins d'énergie

  que les ampoules ordinaires.

- Éteignez la climatisation ou le chauffage en cas d'absence.

- Utilisez des lampes faibles en énergie de consommation.

- Imprimez les documents qu'en cas de besoin.

- Éteignez l'éclairage lorsque vous quittez la pièce.

CONSEIL COLLABORATIF

- Entretenez les liens avec votre équipe.

- Fournissez des calendriers partagés à votre équipe.

- Établissez les heures d'ouverture du bureau et informez-en vos collègues.

- Communiquer fréquemment avec vos collègues facilitera votre association continue et votre sentiment d'appartenance à l'entreprise.

- Organisez des rencontres virtuelles pour rester connecté à votre équipe.

- Participez à des conversations sociales.

- Rejoignez un groupe de soutien pour les employés distants.

- Communiquez régulièrement avec votre responsable.

- Informez votre superviseur de vos réalisations.

- Créez un CV professionnel et attrayant.

- Décrivez vos capacités.

- Décrivez vos expériences et vos réalisations.

- Publiez des projets accomplis précédents afin que les clients regardent vos accomplissements.

- Incorporez des mots-clés dans le titre, la description et les balises, cela aidera les clients à trouver votre profil.

- Assurez du travail exceptionnel, ce sera une expérience bénéfique.

- Répondez hâtivement aux questions et aux demandes.

- Soyez prêt à accepter les critiques.

- Utilisez les commentaires pour améliorer votre réputation.

- Suivez les dernières tendances afin de vous assurer que vos services sont toujours pertinents.

- Utilisez une photo professionnelle.

- Un nom d'utilisateur pertinent pour votre marque.

- Décrivez la procédure en détail et dites pourquoi vous êtes supérieur dans ce domaine.

- Soyez malléable et polyvalent.

- Fournir des produits et services de qualité

- Écoutez les désirs de vos clients.

- Respectez les délais de livraison.

- Soyez interactif.

- Répondez vivement aux messages des clients potentiels.

- Fournir une politique de remboursement.

- Faites-vous connaître auprès de clients potentiels.

- Participez aux groupes de discussion pour être reconnu sur ces sites de télétravail.

- Proposez des offres exceptionnelles ou des réductions pour attirer des clients novices.

- Offrez des services supplémentaires qui augmenteront

  vos revenus.

- Soyez patient.

- Maintenez une attitude positive.

- Publiez des images ou des vidéos de vos projets précédents.

- Fournir des conseils et des suggestions dans votre

  domaine d'expertise.

- Fixez des prix abordables.

V. LES TÂCHES POUVANT ÊTRE FAIT EN TRAVAILLE À DISTANCE

En tant qu'écrivain, voici une liste de missions d'avantage recherchées par les internautes que vous pouvez effectuer à distance ou en télétravail.

Vous-même pouvez inclure cette liste dans la description de votre profil ou dans les services que vous proposez.

Cela vous aidera à attirer des clients vers votre profil.

NB : **Employez l'orthographe exacte des termes énumérés ci-dessous, car ce sont les mots-clés les plus populaires sur Internet.**

- rédacteur concours

- rédacteur territoriale

- rédaction cv

- rédacteur juridique

- rédacteur médical

- rédacteur publicitaire

- rédacteur recrutement

- rédacteur ia

- rédacteur blog

- rédacteur administratif

- rédacteur chatgpt

- rédacteur sportif

- rédacteur ux

- rédacteur graphiste

- rédacteur judiciaire

- rédacteur voyage

- rédacteur web bien-être

- rédacteur vérificateur approbateur

- rédacteur de contenu emploi

- rédacteur éditorial

- rédacteur linkedin

- rédacteur notaire

- rédacteur note de synthèse

- rédacteur réviseur

- rédacteur vocal

- écrivain de théâtre

- écrivain de plasticite

- écrivain de pièce de théâtre

- écrivain de nouvelle

- l'écrivain film

- écrivain pour écrire mon histoire

- écrivain pour les autres

- écriture phonétique

- écriture romaine

- écriture elfique

- écriture hiéroglyphe

- écriture kabyle

- kabyle écriture

- écriture épicène

- ia écriture

- graffiti écriture

- écriture orientale

- écriture web

- écriture quantique

- écriture épistolaire

- littérature dissertation

- littérature romantique

- rédacteur web

- freelance rédacteur web

- rédacteur article web

- rédacteur web blog

- chatgpt rédacteur web

- journaliste rédacteur web

- écrivain dans les airs

- rédaction administrative

- rédacteur du code civil

- rédacteur de cv

- rédacteur des débats

- rédacteur d'actes notaire

- rédacteur de mail

- rédacteur d'articles rémunérés

- rédacteur d'assurance

- écriture facebook

- écriture pour instagram

- écriture journal

- écriture moderne

- écriture romain

- écriture western

- écriture romantique

- rédacteur de contenu

- rédacteur de contenu web

- rédacteur indépendant

- rédacteur contenu

- rédacteur fiche produit

- rédacteur de texte en ligne

- rédacteur technique freelance

- rédacteur web sport

- rédacteur marketing

- rédaction article web

- rédactrice de contenu

- rédacteur web bien être

- rédacteur e commerce

- rédacteur web finance

- rédaction web

- rédaction web freelance

- rédacteur technique

- rédacteur de contenu

- rédacteur mémoire

- rédacteur contenu web

- rédacteur de texte

- rédactrice seo

- rédacteur de mémoire

- rédacteur site web

- rédacteur pigiste

- cv rédacteur web

- rédacteur des débats

- rédacteur automobile

- rédacteur web tourisme

- rédacteur web juridique

- rédacteur web sport

- rédacteur site internet

- rédacteur de presse

- rédacteur de projet

- rédacteur magazine

- rédacteur de compte rendu

- concepteur rédacteur pub

- concepteur rédacteur web

- concepteur rédacteur publicitaire

- concepteur rédacteur web

- rédacteur ai

- rédacteur mode

- rédacteur texte

- rédacteur traducteur

- rédacteur intelligence artificielle

- rédacteur médical freelance

- rédacteur périodique

- rédacteur presse

- rédacteur web immobilier

- rédacteur web pigiste

- rédacteur de thèse

- cv rédacteur technique

- rédacteur article

- rédacteur biographie

- rédacteur internet

- rédacteur high tech

- rédacteur pour site web

- rédacteur web marketing

VI. LES OUTILS POUR LE TRAVAIL À DISTANCE

Des outils pratiques vont faciliter vos travaux à distance.

Voici ci-dessous la liste de ces outils et les liens vers les éditeurs :

1 - outils de gestion de projet

Trello

Trello représente un outil de collaboration qui organise tous vos projets dans une série de listes partagées, Trello vous renseignera sur l'état du projet.

Lien : https://trello.com/

Asana

Asana est un outil de gestion de projet. La solution est conçue pour optimiser la communication et la collaboration entre professionnels et favoriser la création d'espaces de travail partagés appelés organisations.

Lien : https://asana.com/fr

TeamViewer

Teamviewer permet de contrôler à distance des ordinateurs et des tablettes ou des smartphones à ordinateur. Vous pourriez travailler à distance avec l'ordinateur de vos futurs partenaires. Il se connecte à un autre ordinateur via Internet.

Lien : https://www.teamviewer.com/fr/

Remote PC

RemotePC accède ou visualise à distance le PC/Mac du client via le réseau et fournit une assistance rapide. Ainsi, l'utilisateur peut afficher l'écran d'un autre ordinateur sur son propre écran.

Lien : https://www.remotepc.com/

3 - les outils de transfert de fichier

Google Drive

Google Drive est utilisé pour stocker différents types de fichiers.

Il est accessible depuis n'importe quel ordinateur, smartphone,

tablette, Internet TV.

Lien : https://www.google.com/intl/fr/drive/

Dropbox

Dropbox est utilisé pour stocker et partager des fichiers dans

des projets. Collaborez et transformez vos projets.

Lien : https://www.dropbox.com/

4 - les outils d'appels vidéo et de partage d'écran

Zoom

Zoom est un programme permettant la vidéoconférence

simplement au travers des tablettes, smartphones ou

ordinateur.

Lien : https://zoom.us/

Jitsi Meet

Jitsi Meet est une solution de visioconférence gratuite.

Le logiciel peut réaliser des salles de conférence auxquelles les utilisateurs participent.

Lien : https://meet.jit.si/

VII. COMMENT TROUVER DU TRAVAIL À DISTANCE

Pour rechercher des missions en télétravail, vous pouvez vous inscrire sur divers sites spécialisés.

Ces sites proposent des milliers de tâches dédiées aux écrivains internationaux indépendants. Les écrivains peuvent saisir certains avantages grâce à ces sites de télétravail.

Ces avantages incluent :

- la sécurité

- la résolution des conflits

- la garantie de paiement et contrats

- le gain de temps

Chaque plateforme de travail à distance possède ses principes. Le principe est de lier les écrivains indépendants à l'entreprise.

Généralement, ces sites prélèvent des commissions compris entre 0 % à 20 % du montant facturé à vos clients. Ils vous servent d'intermédiaire et cela est une sécurité pour vous, car cela évite les impayés et les arnaques.

L'écrivain indépendant consultera la commande du client puis

réalisera les travaux demandés.

L'écrivain peut choisir de demander au client des informations

plus détaillées sur la commande.

Le client consulte les services de l'écrivain et sollicite les

services équivalents à sa recherche.

Le client peut choisir de demander à l'écrivain indépendant des

informations plus détaillées sur les services qu'il fournit.

Pour vous faire gagner du temps, j'ai sélectionné précieusement

41 sites de travail à distante à l'échelle mondiale. Certains sites

utilisent le français, tandis que d'autres utilisent l'anglais.

VIII.   LISTE DES SITES OFFRANT DU TRAVAIL À DISTANCE POUR LES ÉCRIVAINS

1. Witmart

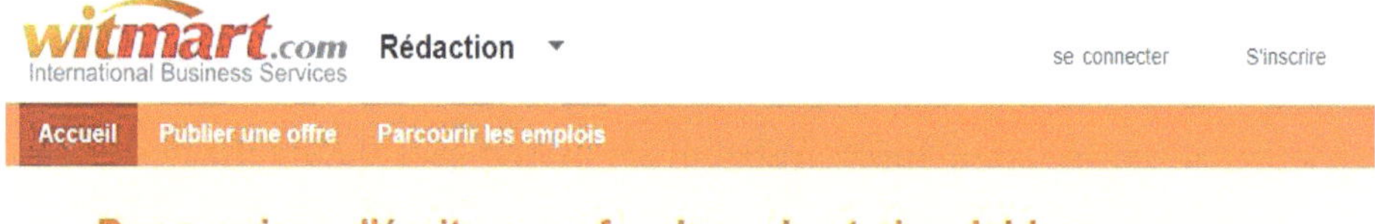

Des services d'écriture professionnels et abordables pour vous

Engagez un écrivain professionnel pour gérer vos projets d'écriture d'entreprise dès aujourd'hui!

Publiez un travail d'écriture sur le plus grand marché de crowdsourcing avec plus de 12 millions d'utilisateurs! Vous aurez un accès instantané à 100 000 écrivains professionnels du monde entier!

1. Décrivez vos exigences en matière d'écriture

2. Recevez plusieurs travaux d'écriture ou des échantillons de nombreux écrivains experts

3. Choisissez le meilleur écrivain que vous aimez et ne payez que pour le résultat

Witmart est un site de télétravail qui fournit aux écrivains et aux clients du monde une bonne mise en relation. Son pays d'origine est l'Amérique au Texas, la langue du site demeure l'anglais. L'inscription est gratuite et la commission prise est de 20 %.

http://www.witmart.com/writing

2. Constant-contentk

Constant-contentk est un service de création de contenu rédigé en anglais spécialisé dans la création de contenu unique de haute qualité pour les entreprises.

Son pays d'origine est le Canada. En tant qu'écrivain, vous aurez beaucoup à écrire. Le mode de paiement est Paypal. La commission prise est 35 %.

https://www.constant-content.com/freelance-writing-jobs.htm

3. Scripted

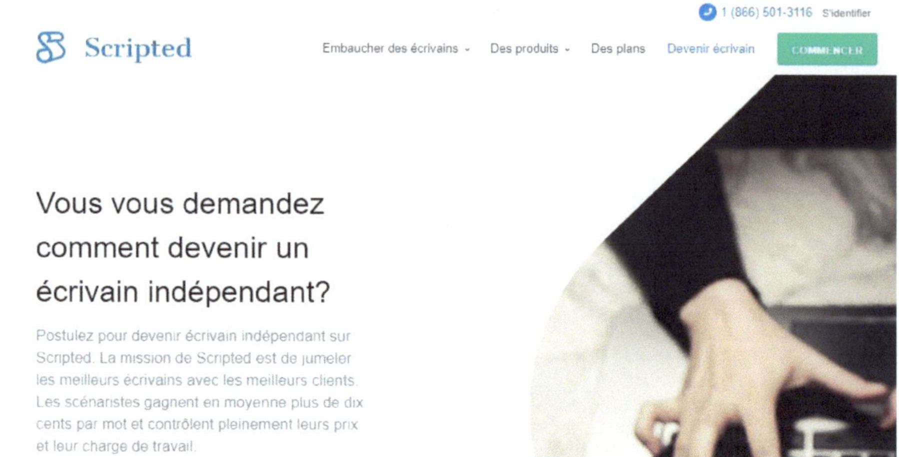

Scripted est un site de télétravail pour les entreprises et rédacteurs écrivains indépendants du monde entier. Son pays d'origine est les états unis en Californie. Le Paiement de vos factures se fait par Stripe, il est destiné aux écrivains venant du monde entier.

La commission prise sur vos clients est de 50 %.

https://www.scripted.com/become-a-scripted-writer

4. Seoclerks

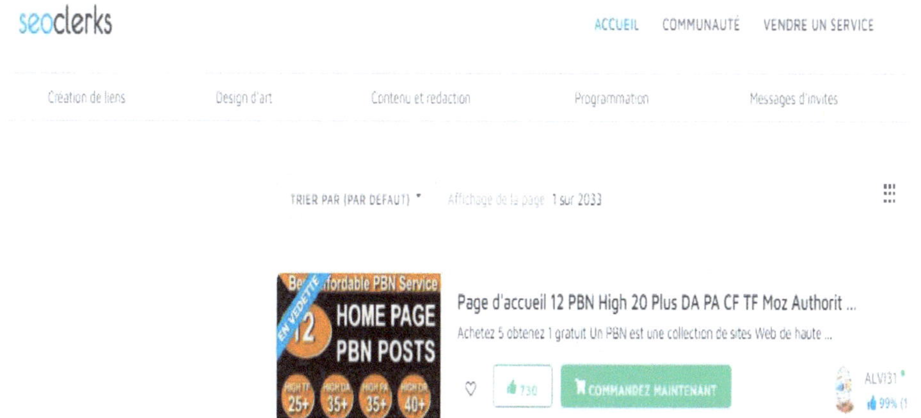

Seoclerks est un site qui offre les services à distance aux
entreprises et aux écrivains du monde. Le mode de paiement
est par PayPal, ou Carte Bancaire. La commission prise est de
15 %.

https://www.seoclerks.com/

5.Pacayo

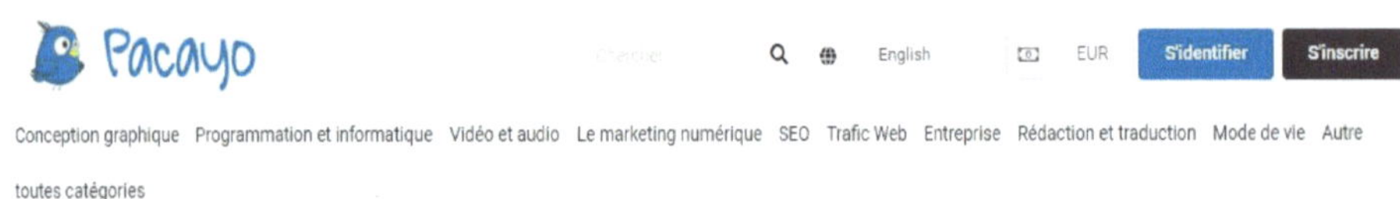

Pacayo est un site de travail à distance de mise en relation d'écrivains mondiaux, d'avec des clients internationaux. Le paiement se fais par PayPal et payonner. La commission prise sur chaque facture de vos clients est de 20 %.

https://www.pacayo.com/

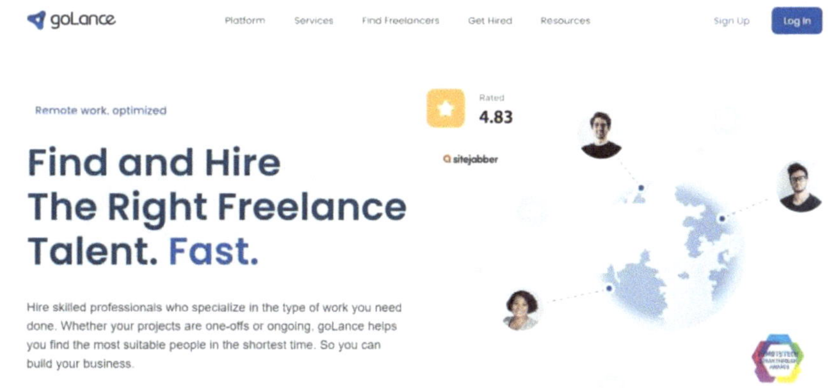

Golance est une plateforme mondiale honnête qui gère les expériences de manière équitable pour les clients et les indépendants. L'inscription est gratuite et vous pouvez postuler pour autant de missions que vous le souhaitez.

Golance prendra une commission de 7,95 % sur les ventes de vos services.

Un niveau de sécurité client de 5 jours est nécessaire pour vérifier la qualité du travail.

Après vérification du client, Golance paiera le pigiste par cartes de crédit, Cartes prépayées, virements bancaires, ou crypto-monnaies

https://www.golance.com/

7. Fourerr

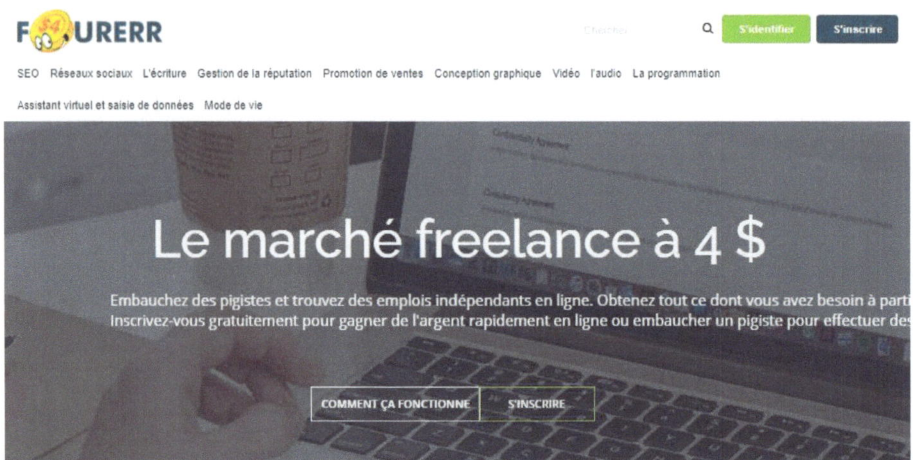

Fourerr est un marché en ligne basé au Royaume-Uni qui relie les écrivains et les clients du monde entier. Il est en anglais. La commission facturée est de 20 % de la commande de votre client. Une fois le client satisfait, vous serez payé par le Paypal.

https://fourerr.com/section/writing-translation/

8. Khdemti

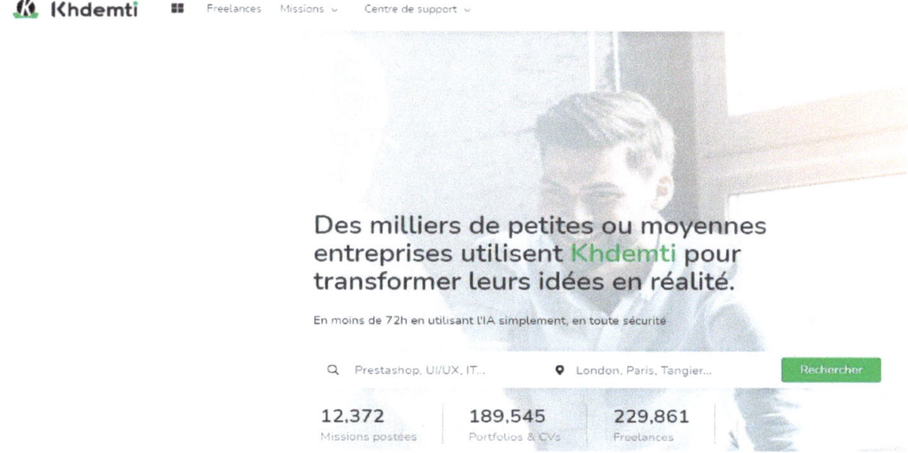

Khdemti est un site web d'origine française traduit en anglais et en français. Des écrivains et des entreprises du monde entier se contactent. Khdemti ne facture aucune commission pour chaque projet que vous avez réalisé. En revanche, si des problèmes surviennent, ils peuvent remplir le rôle d'arbitrage.

https://www.khdemti.com/

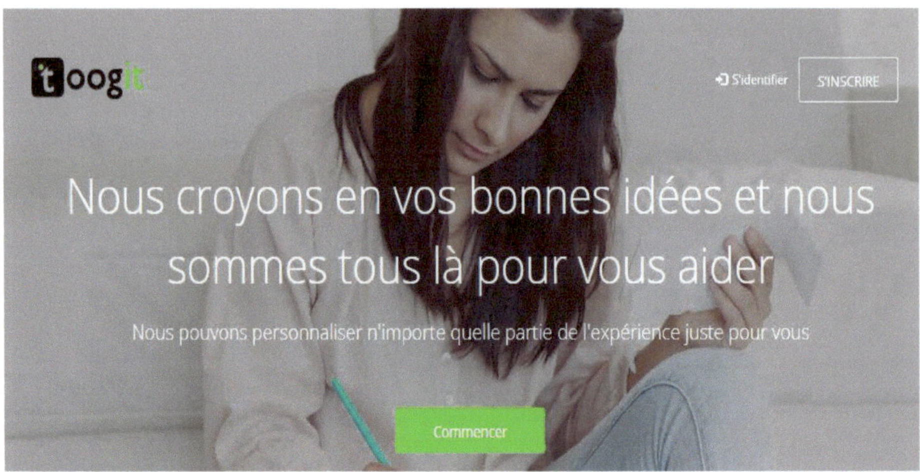

Toogit est un site de langue anglaise basé en américain mettant en relation les écrivains et les clients du monde entier. Le moyen de paiement pour vous payer est PayPal ou par carte bancaire. La commission prise sur votre facture cliente est de 8 %.

https://www.toogit.com/

10. WordClerks

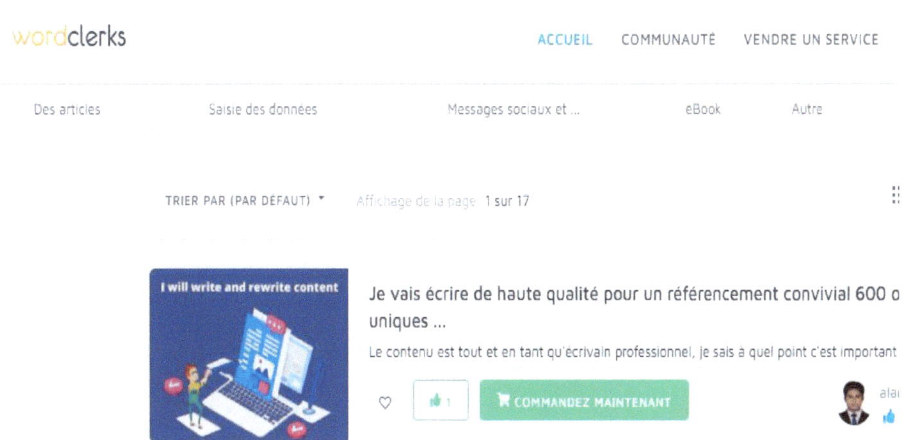

WordClerks est un marché indépendant pour les écrivains. Le pays d'origine du site est l'Amérique plus précisément en Caroline du Nord. Vous êtes payé par PayPal ou par carte bancaire. La commission facturée est de 15 %.

https ://wordclerks.com/marketplace

11. Kang

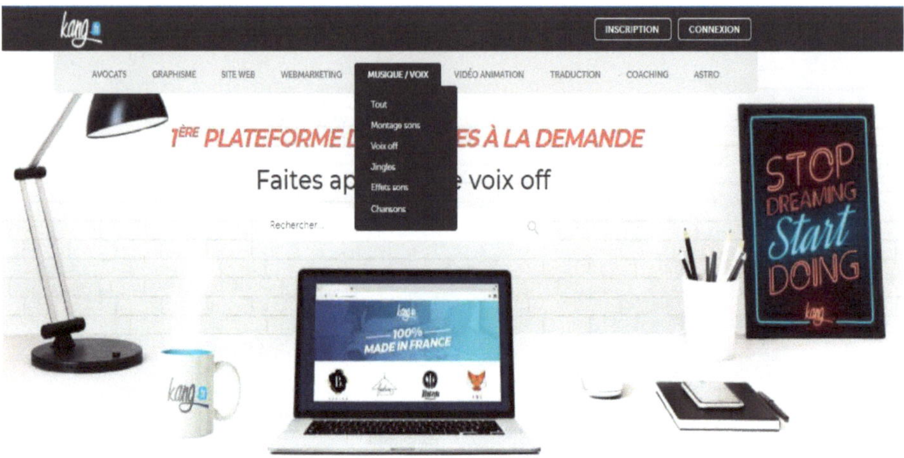

Kang est un site français dédié aux écrivains indépendants résidant en France. Les clients sont européens et la commission facturée est de 25 % à 45 % de la commande du client. Une fois le client satisfait, vous serez payé par carte de crédit, PayPal, PaySafecard et Cashlib.

https://www.kang.fr/

12. Peopleperhour

Peopleperhour est un site Web anglais, britannique destiné aux écrivains et aux clients du monde entier. L'inscription gratuite, vous permet d'envoyer 15 devis par mois et si vous souhaitez envoyer plus de devis, il vous faudra acheter des crédits supplémentaires. Le paiement se fait par paypal, payonner ou virement bancaire. La commission prise sur vos factures clients est de 10 %.

https://www.peopleperhour.com/

13. Truelancer

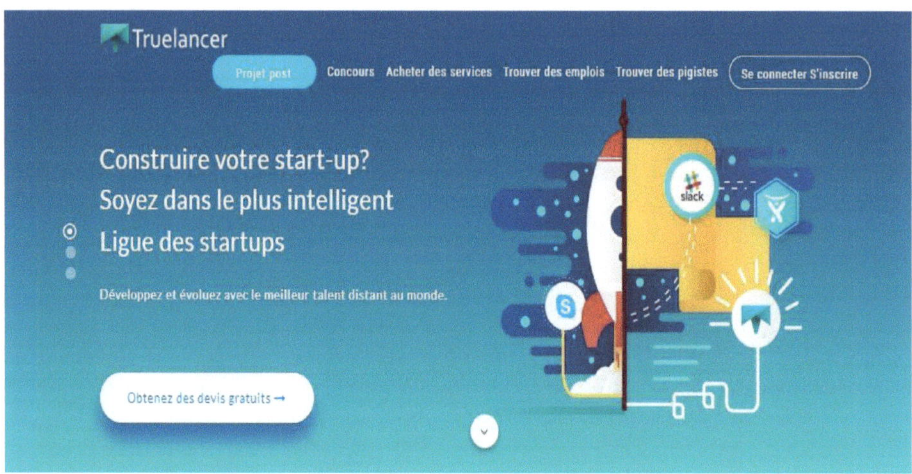

Truelancer est un site qui peut vous aider à acquérir des clients dans l'écriture. Ils travaillent avec des écrivains et des clients du monde entier. L'inscription gratuite vous permet de soumettre 20 propositions par mois. La commission facturée est de 8 % à 10 %. Vous serez payé via Skrill, PayPal, Payonneer, carte de crédit, virement bancaire.

https://www.truelancer.com/

14. Freelancer

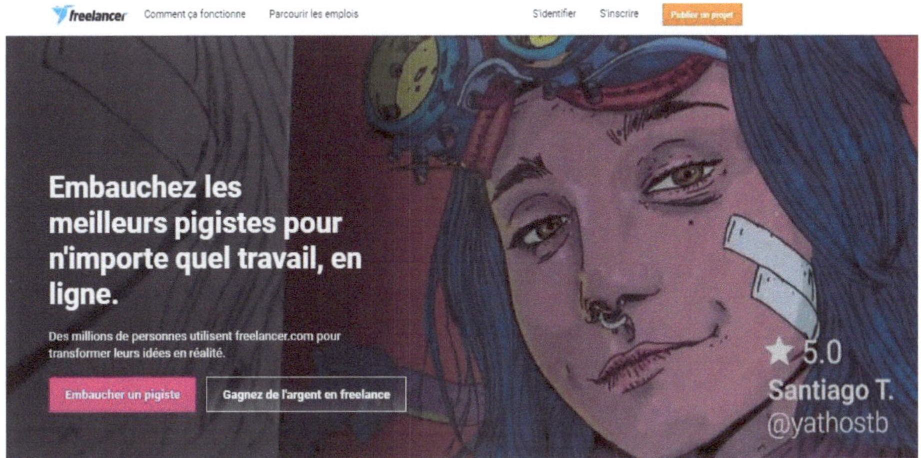

Freelancer est un site web australien mettant en contact les écrivains avec les clients du monde entier. Il est traduit dans plusieurs langues. La commission facturée sur votre facture est de 10 % à 15 %. Vous recevrez le paiement via Paypal, skrill , payonner, carte de crédit, virement bancaire.

https://www.freelancer.com/

15. Servicescape

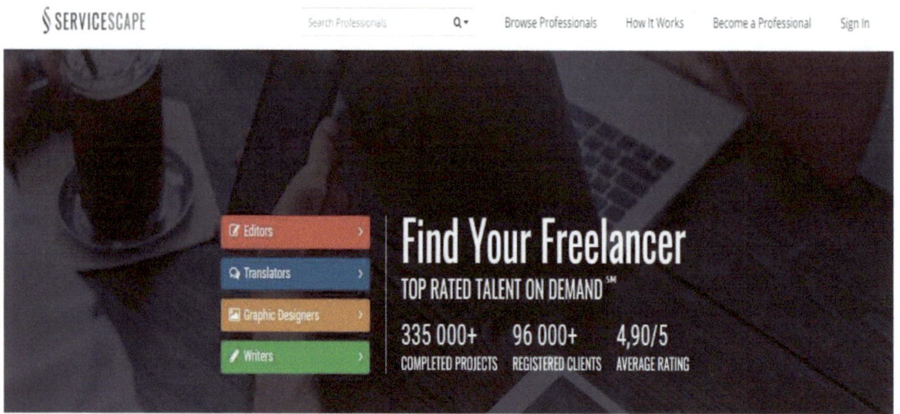

Servicescape est un site destiné aux rédacteurs indépendants du monde entier. Il est basé dans le Massachusetts. La plateforme permet aux rédacteurs de se promouvoir facilement auprès des clients.

Les freelances attendent simplement les offres des clients. Pour valider leur profil, il leur suffit d'indiquer leur statut fiscal.

Les modes de paiement mensuels sont PayPal, chèque et Gusto.

La plateforme prélève une commission de cinquante pour cent pour chaque travail effectué.

https://www.servicescape.com/

16. Twago

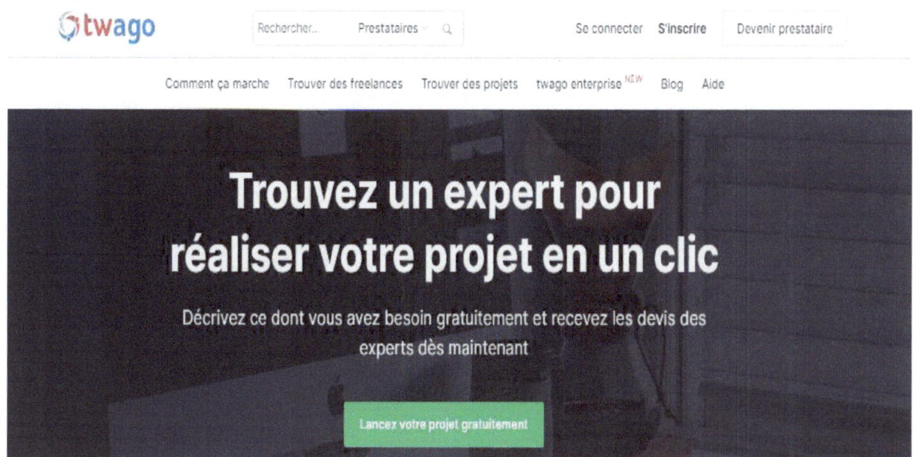

Twago est un site allemand rédigé en plusieurs langues. Le client compare plusieurs devis obtenus d'écrivains et sélectionne le devis qui le convient. L'écrivain bénéficie de la formule découverte qui est gratuite et cela lui permet de proposer deux devis par mois aux clients puis 10 % de commission est prélevé à l'écrivain sur la facture du client. Le moyen de paiement de l'écrivain est par le système de paiement SAFEPAY. Il est destiné à l'écrivain du monde entier.

https://www.twago.fr/

17. Fiverr

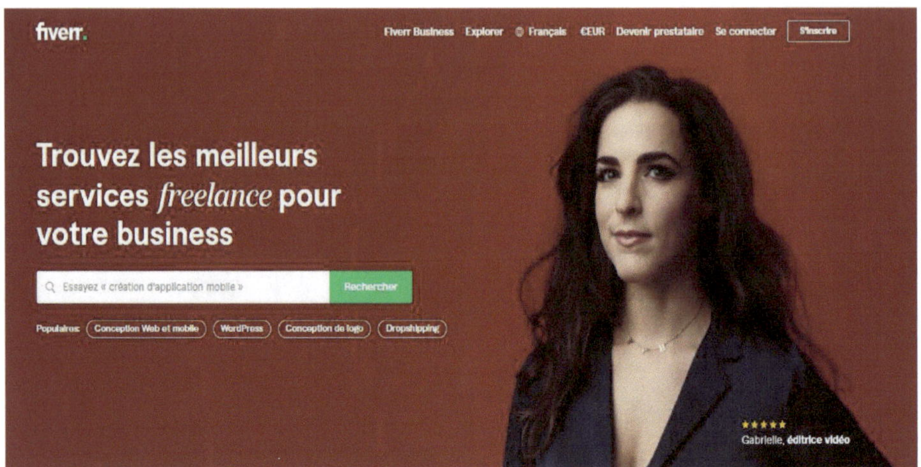

Fiverr est un site américain qui met les écrivains en relation avec des entreprises. Le site est rédigé en plusieurs langues. Il est destiné à l'écrivain du monde entier. Les écrivains enregistrés peuvent acquérir et monnayer des services sur Fiverr. Le paiement est remis aux écrivains que lorsque le client est satisfait. Les moyens de paiement sont Paypal, carte bancaire, Skrill, Bitcoin.

La commission prise sur vos factures clients est de 20 %

https://fr.fiverr.com/

18. Guru

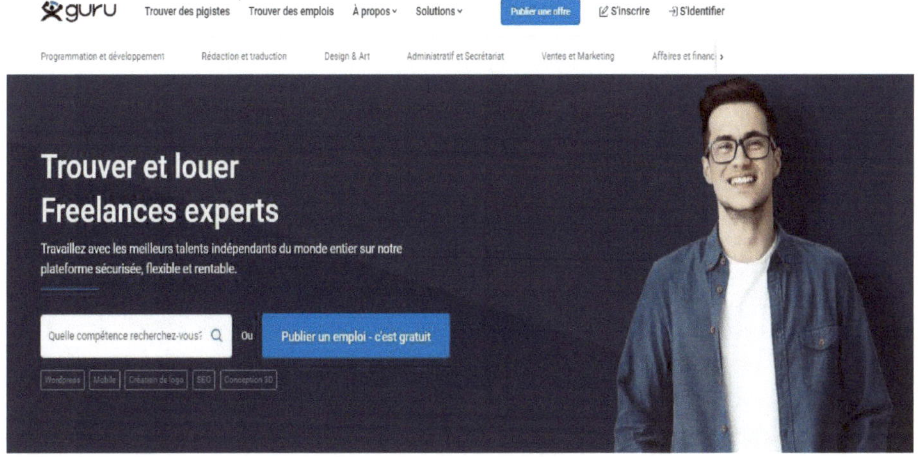

Guru met en relation les écrivains avec des clients, le clients choisi le meilleur devis proposer par plusieurs d'écrivains Guru offre la protection de paiement.

Guru est un site Web américain qui permet aux écrivains de contacter les clients, et les clients peuvent choisir les meilleurs devis fournis par plusieurs écrivains. Une variété de méthodes de paiement sont acceptées, Safepay, paypal, Payoneer, virement bancaire et retrait de fonds de votre compte espèces sur Guru. Il convient aux écrivains du monde entier. Les clients viennent du monde entier. La commission prise sur vos factures clients est de 20 %

https://www.guru.com/

Comeup est un site web très complet. Vous mettez en valeur vos compétences d'écrivains best-seller. Il est destiné aux écrivains résidants en France et en Europe. La commission prise est de 20 % de la commande du client. Le paiement se fait par virement.

https://comeup.com/fr/

20. Upwork

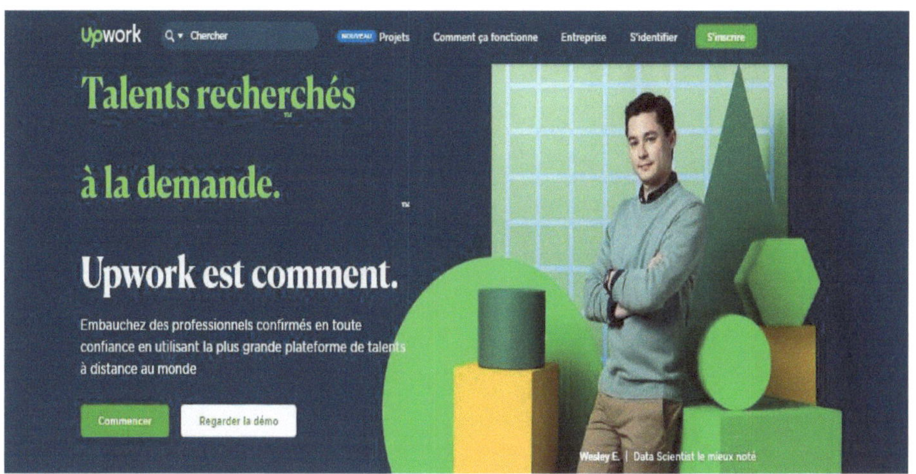

Upwork est un site américain. Le site est en anglais, avec des clients dans 180 pays, il y a des missions dans toutes les langues possibles. C'est une plateforme mondiale d'indépendant, ils acceptent les écrivains venant du monde entier. Le mode de paiement est PayPal ou le virement bancaire. Vous leur payez 20 % de commission pour une facture de 500 $. 10 % de commission pour une facture allant de 500,01 $ à 10 000 $ et 5 % de commission pour une facture dépassent 10 000 $.

https://www.upwork.com/

21. Malt

Il s'agit d'un site internet reliant les entreprises et les écrivains indépendants. Les offres qu'elles proposent concernent des écrivains indépendants résidant uniquement en France et en Europe. Vous pouvez utiliser plusieurs langues. Une fois le client vérifié, vous pouvez être payé par malt par virement bancaire ou par carte bleue. La Commission, maltaise suppose que vous facturez aux clients entre 5 et 10 %.

https://www.malt.fr/

22. Freelance

Les clients et les intervenants freelances peuvent être connectés via la plateforme française Freelance.com.

Le processus d'inscription est gratuit. Les entreprises vous contacteront après votre inscription. Ensuite, vous pourrez proposer un devis, qui sera suivi par Freelance.com

La commission de 12,5 % est payée par le client en plus de la prestation du freelance.

24 heures après la mission, votre paiement se fait.

https://www.freelance.com/

23. Flexjobs

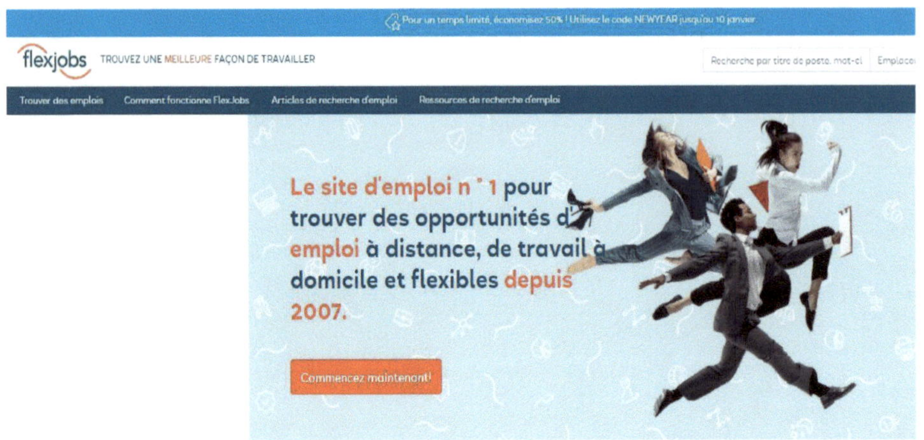

FlexJobs est un site de télétravail destiné aux écrivains indépendants du monde entier. Le coût d'une mission d'une semaine est de 6,95 $. Le coût d'un mois est de 14,95 $. Le coût de 3 mois est de 29,95 $ et le coût d'un an est aux États-Unis. 49,95 $. Vous communiquez directement avec les clients. Si vous êtes insatisfait du contact reçu, vous obtiendrez une garantie satisfaisante ou un remboursement. Vous pouvez utiliser visa, mastercard, american express ou paypal prépayé pour payer l'abonnement.

https://www.flexjobs.com/

24. Iwriter

iWriter est un site de télétravail américain destiné aux écrivains indépendants et clients du monde entier. Le site est rédigé uniquement en anglais. Votre paiement se fait par PayPal. Vous avez accès aux missions venant du monde entier. La commission prise est de 30 %.

https://www.iwriter.com/

B - les sites, ci-dessous achètent des écrits chez les écrivains par nombre de mots

25. Textbroker

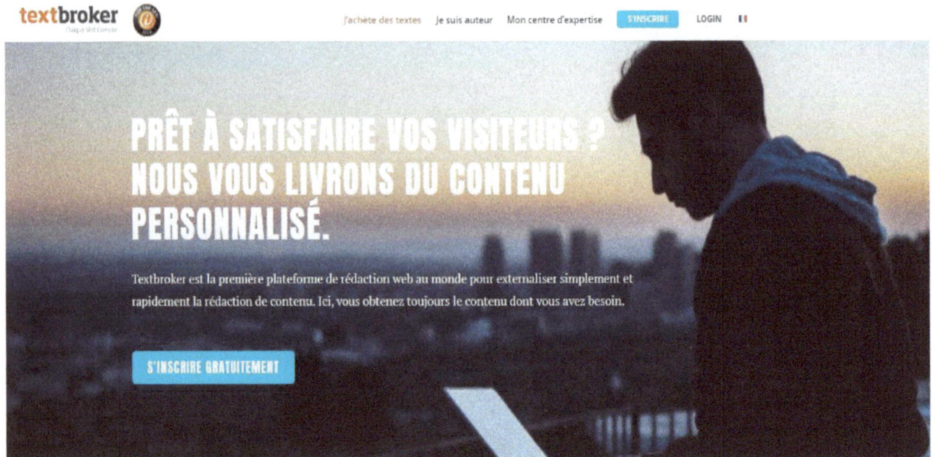

Textbroker est un site de télétravail pour les écrivains et rédacteurs. Il connecte les clients à la recherche de contenu textuel avec des écrivains indépendants.

Son pays d'origine est l'Amérique le Nevada. Pour 1500 mots pour êtes payé 10,50 euros. Le paiement se fait par virement.

https://www.textbroker.fr/

26. Zérys

Zerys est un site de travail à distance pour les rédacteurs professionnels. Son pays d'origine est les états unis à Ohio. Le paiement se fait par paypal. Pour 500 mots, vous êtes payé 33 dollars. Il est destiné aux écrivains du monde entier.

https://www.zerys.com/writers

A LIST APART

Écrivez pour nous

Oui, *toi*. Nous sommes toujours à la recherche de nouveaux auteurs. Si vous avez une idée qui mettra au défi nos lecteurs et fera avancer notre industrie, nous voulons en entendre parler. Mais vous n'avez pas besoin d'attendre une idée qui *redéfinira la conception Web*. Essayez simplement d'apporter aux lecteurs une nouvelle perspective sur un sujet qui vous empêche de dormir la nuit.

À propos de ›

Auteurs ›

Masthead ›

Écrivez pour nous ›

Alistapart publie des articles originaux et longs d'écrivains, ainsi que des articles de (600 à 1 500 mots) et des mini-articles sur la conception Web. Ce site préfère les soumissions dans Google, docs. Vous êtes payé 200 $ par article, 100 $ par article et 50 $ par mini-article, généralement dans le mois suivant la publication.

https://alistapart.com/about/contribute/

28. Textmaster

Textmaster est un site de travail à distance destiné aux écrivains du monde entier. Le paiement se fait par PayPal ou payonner.

Le site est plusieurs langues. Vous êtes payé au nombre de mots.

https://fr.textmaster.com/

29. Virtualvocations

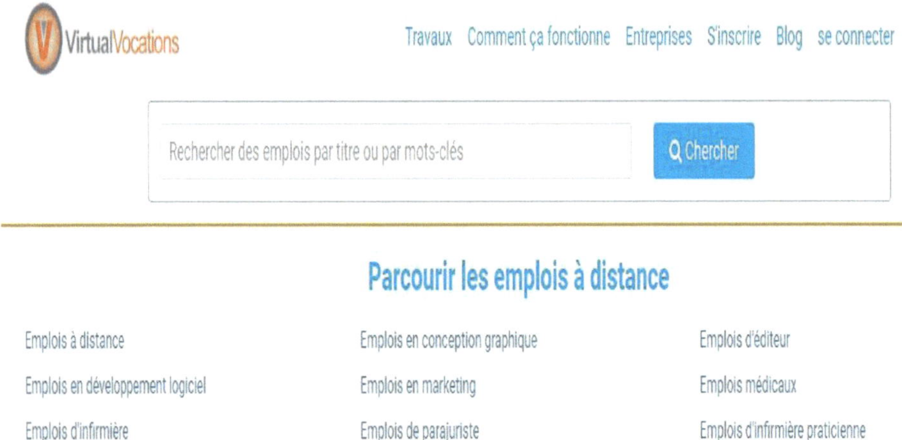

Virtualvocations est un site Web américain spécialisé dans le travail à distance. Vous résoudrez des tâches d'écriture partout dans le monde. Le site est ouvert aux écrivains du monde entier. L'inscription est gratuite. Après abonnement, vous auriez de nombreuses autres tâches. 15,99 $ pour 1 mois 39,99 $ pour 3 mois et 59,99 $ pour 6 mois. Vous communiquez directement avec les clients. Si vous êtes insatisfait du contact reçu, vous obtiendrez une garantie satisfaisante ou un remboursement. Vous pouvez payer les frais d'abonnement par carte ou PayPal.

https://www.virtualvocations.com/

30. Zeerk

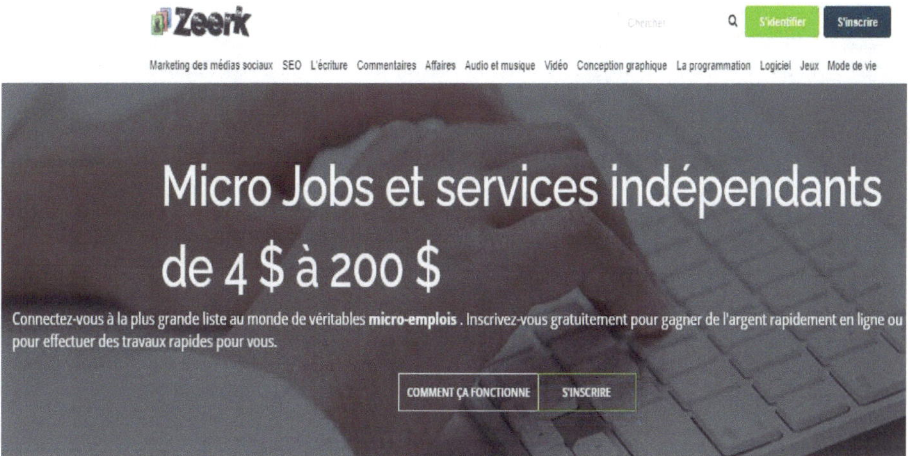

Zeerk est un site de télétravail. Il est destiné aux écrivains et clients du monde entier. Ils favorisent la mise en relation entre écrivains et entreprises. Les méthodes de paiement sont PayPal. La commission de leur prestation est de 10 %. Ils facturent une commission de 10 % sur vos prestations sans attente et vous êtes payé le jour de votre prestation.

https://zeerk.com/

31. Lionbridge

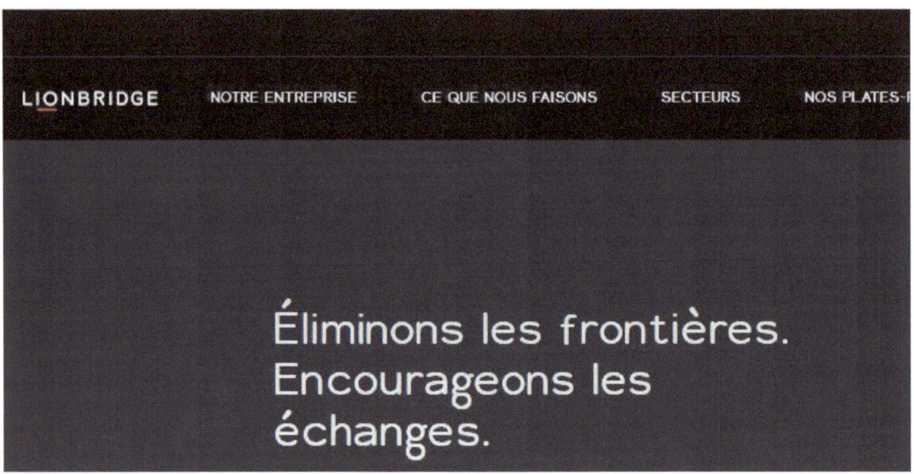

Lionbridge est une plateforme d'écrivains mondiaux. Le site est multilingue, il est basé aux USA au Massachusetts. Il est destiné aux écrivains et clients internationaux. Le paiement se fait par virement. Les tarifs sont de 15 à 40 euros de l'heure.

https://www.lionbridge.com/

32. Onehourtranslation

Tous vos clients internationaux sur la même longueur d'onde

Onehourtranslation est une plateforme pour écrivains composés de plusieurs missions disponible dans le monde.

Tous les clients internationaux sont ceux de la plateforme.

Vous payez directement par le site après validation de votre candidature.

https://fr.onehourtranslation.com/

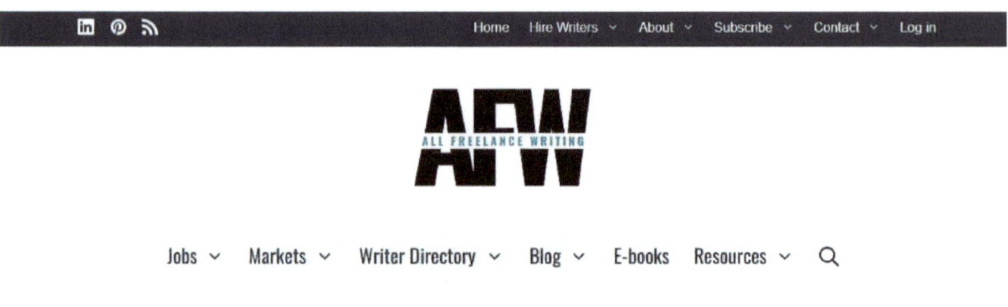

All Freelance Writing
Your Secret to Freelance Writing Success

Allfreelancewriting est une ressource et une communauté mondiale pour les indépendants, les éditeurs et les blogueurs indépendants qui cherchent à construire une carrière d'écrivain réussie. Pour 25 $, vous créez un profil public simplement. Vous pouvez trouver rapidement des travaux d'écritures en fonction des dates et des salaires.

https://www.allfreelancewriting.com/

34. Befreelancr

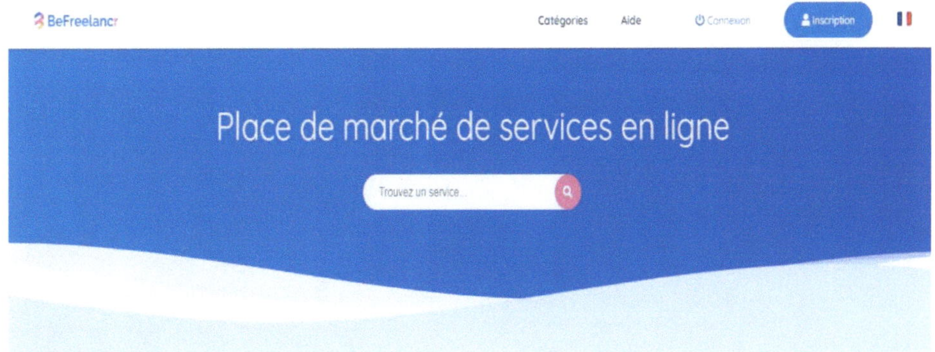

Befreelancr est une plateforme dédiée aux freelances français.

Elle permet de publier vos services d'écriture gratuitement.

BeFreelancr prend une commission de 60 % sur vos ventes.

Vous êtes payé par PayPal ou Virement bancaire.

Le montant disponible peut être retiré à tout moment.

https://www.befreelancr.com/fr

35. Hubstaff Talent

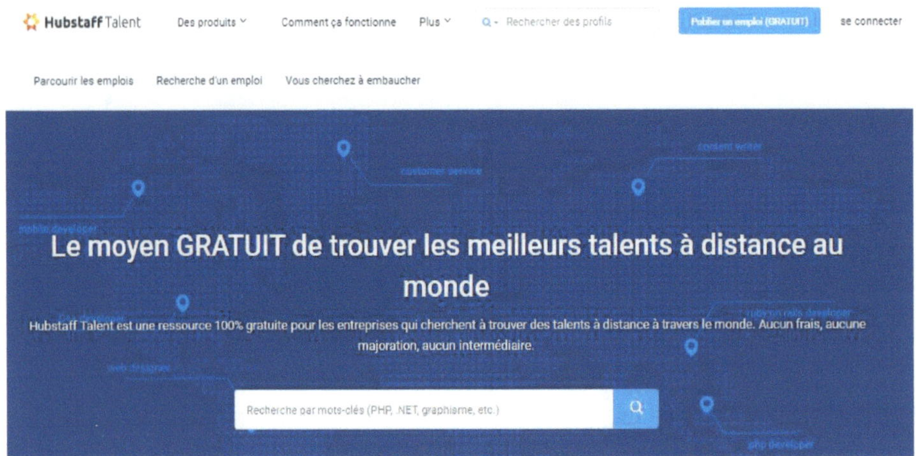

Hubstaff Talent regroupe les écrivains du monde entier. Vos clients vous viennent de partout le monde. Vous pourriez rapidement créer une équipe d'écrivains à distance sans aucuns frais ni majoration.

https://talent.hubstaff.com/

36. Humaniance

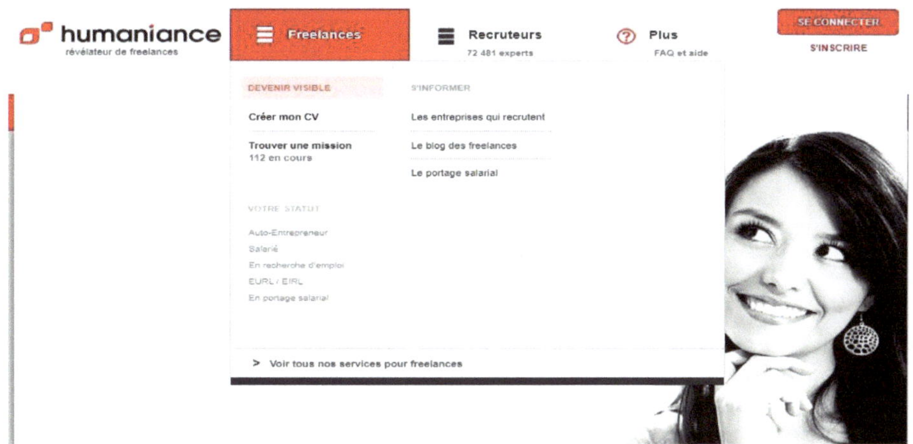

Humaniance propose des offres de missions pour les écrivains.

L'inscription est gratuite. Il aide à développer votre activité.

http://www.humaniance.com/

Les bons freelances permettent d'accroître votre visibilité et de trouver des clients. Vous répondez aux missions d'écrivains qui vous intéressent et vous obtenez immédiatement des demandes de nouveaux clients. L'inscription est gratuite et il n'y a aucune commission.

https://www.lesbonsfreelances.com/

38. Codeur

Codeur vous permet de trouver des missions pour les écrivains en freelances. De nombreuses entreprises font appel aux écrivains.

https://www.codeur.com/

404Works met en relation les écrivains et clients, l'inscription est gratuite et vous permet d'envoyer des propositions aux clients sur tous les projets en illimité

https://www.404works.com/fr

40.Redacteur.com

Redacteur.com est une plateforme française dédiée à l'écriture. Il met en relation des indépendants de qualité avec des entreprises. Les entreprises publient des offres et des pigistes y répondent. L'entreprise sélectionne ensuite le prestataire de services à qui elle confie sa mission.

L'inscription est gratuite. Cependant, les freelances doivent attendre que leur profil soit vérifié, avant de répondre aux offres d'emploi. Le site prélève une commission de 30 % sur chaque commande passée sur le site.

Dès que la somme de 30 EUR est atteinte, le prestataire est payé par virement bancaire, PayPal, carte de crédit Visa, MasterCard.

https://www.redacteur.com/

41. Creads

Creads permet aux écrivains de proposer leurs services à
l'ensemble du site. Pour les écrivains c'est une aubaine cela leur
permet de collaborer sur des projets.

https://www.creads.fr/

CONCLUSION

Le télétravail ne cesse de se développer et connaît un succès énorme. Vous deviendrez plus efficace et productif.

Il apportera une meilleure valeur à toutes vos missions. Cela vous permettra de développer une clientèle mondiale.

Et seule une organisation efficace pourra vous faire réussir.

Tous ces sites répertoriés dans ce livre ont été énumérés et décrit de manière détaillée, vous motiveront dans vos futures prestations.

A Propos de l'auteur

Je m'appelle Ali Diak et je suis spécialisé en tant que webmaster développeur web, web design gestionnaire de serveur web développeur webdev, passionné de Prestashop et Wordpress.

Je suis freelance depuis plus de 12 ans et je suis au service des entreprises, des particuliers pour toutes les activités basées sur Internet.

L'objectif de mon métier est d'accompagner tous les professionnels à trouver la solution adaptée à leurs problématiques professionnelles sites web et services, fiable, solvable dans toutes les régions du monde.

Ce livre sert de guide ou d'annuaire qui aide les professionnels à se concentrer sans passer du temps sur Internet à la recherche d'informations.

Demande Avis

Si ce livre vous a plu ?

Vous pouvez me laisser un commentaire sur la page où vous vous êtes procuré ce livre ou en me donnant votre ressenti.

Par email à : issacar.edition@gmail.com

Merci d'avance !

Biographie Auteur

Ali Diak est diplômé et passionné de l'informatique et des mathématiques depuis l'âge de 6 ans.

Elle a été auprès de plusieurs personnes de tous niveaux professeurs de mathématiques.

Depuis 13 ans, elle est directrice d'une entreprise informatique aux services des entreprises et particuliers.

Les expériences professionnelles acquises, l'on permit de déceler plusieurs problèmes dans le domaine du web.

Elle résout les problèmes au travers de ces ouvrages.

Étant aussi passionné d'écriture, elle publie son premier livre "Qu'est-ce qu'un blog" en 2018.

Depuis lors, elle saute sur les occasions pour sortir des livres afin d'aider les lecteurs et internautes dans leur usage de l'internet.

Tous les ouvrages vous facilitent la navigation sur internet de manière sécurisée et sans crainte.

Ali Diak à tester, vérifié tous les sites figurants dans ces livres sous forme d'annuaire ou guide et veille fréquemment sur la mise à jour de ces sites qui s'y trouvent.

Très investi dans le monde édition de livre, elle tient le site "issacaredtion.com" qui rassemble tous ces livres.

Actuellement plusieurs ouvrages sont en vente sur cette plateforme.

Profitez de son savoir-faire et conseils dans le domaine du web.

Ali Diak vous encourage à vous abonnez et la suivre sur les différentes pages pour être au courant des futures publications.

Livres de l'auteur

Ali Diak est un auteur fécond qui a publié de nombreux autres ouvrages. Vous pouvez les récupérer sur la plateforme ou le site internet où vous les avez initialement acquis.

- Annuaire télétravail pour Ecrivains indépendants 41 sites indispensables

- Annuaire télétravail pour Traducteur indépendant 43 sites indispensables

- Annuaire télétravail pour Comptables indépendants 34 sites indispensables

- Annuaire télétravail pour Secrétaires indépendants 35 sites indispensables

- Annuaire télétravail pour Transcripteurs indépendant 39 sites indispensables

- Annuaire télétravail pour Informaticiens indépendants 45 sites indispensables

- Annuaire télétravail pour Développeurs WinDev Webdev indépendants 40 sites

- Annuaire télétravail pour Programmeurs développeurs indépendants 44 sites indispensables

- Annuaire télétravail pour Graphistes Infographe indépendants 49 sites indispensables

- Annuaire télétravail pour Testeurs en informatique indépendants 41 sites indispensables

- Annuaire télétravail pour Photographe indépendants 37 sites indispensables

- Annuaire télétravail pour Musiciens indépendants 32 sites indispensables

- Annuaire télétravail pour Vidéastes indépendants 43 sites indispensables

- Qu'est-ce qu'un blog